LA LIBERTÉ SPIRITUELLE

PAR LE

Docteur G. AUDIFFRENT

L'un des exécuteurs testamentaires d'Auguste COMTE

PARIS

PAUL RITTI, LIBRAIRE

76, Avenue du Maine, 76

1895

LA

LIBERTÉ SPIRITUELLE

PAR LE

Docteur G. AUDIFFRENT

L'un des exécuteurs testamentaires d'Auguste COMTE.

LA LIBERTÉ SPIRITUELLE

PAR LE

DOCTEUR G. AUDIFFRENT

Quelle serait la liberté de la pierre qui tombe si elle pouvait avoir une volonté ? De se conformer aux lois qui président à la chute des corps, répond Auguste Comte. En quoi peut consister notre liberté, dirons-nous, si ce n'est à nous conformer aux lois qui régissent notre double nature physique et morale. Mais ces lois ne sont pas absolues. Considérées dans leur succession à travers les temps, elles présentent d'inévitables variations, dont il faut naturellement tenir compte. Rien n'est donc plus relatif que la notion de liberté. C'est ce que n'ont jamais compris les métaphysiciens qui, suivant leurs habitudes, ont obscurci et altéré cette notion.

Toute vie sociale implique naturellement des obligations mutuelles et des devoirs qui résultent des lois auxquelles toute existence, collective ou individuelle, est soumise. La liberté ne saurait consister que dans l'acceptation de ce qui incombe d'obligations à chacun. Placé à ce point de vue on comprendra toute la portée des mémorables paroles qu'on attribue à Saint Paul : *Etant lié, je suis libre.* Dans ces conditions tout lien, toute dépendance, ne peut que disposer à la soumission. L'harmonie sociale autant que le bonheur privé, suppose toujours, en effet, une règle volontairement acceptée. Cette règle n'a pu être toujours la même ; elle a dû varier avec les divers états sociaux que nous représente la succession des siècles. L'état cérébral d'un romain n'était certes pas celui d'un homme féodal. Appartenant à des civilisations bien différentes, ils ne pouvaient voir de la même manière, ni être liés par les mêmes obligations. Aussi pouvaient-ils, dans la pratique des actes de la vie, se croire pleinement autorisés à faire diverses choses que réprouverait certainement la morale actuelle. Placés à un point de vue tout individuel, les métaphysiciens ne pouvaient voir la relativité d'une notion qu'ils n'ont jamais pu préciser sans tomber dans les plus étranges aberrations. En définissant la liberté, « le pouvoir de vouloir », ont-ils compris que toute volonté résulte d'un désir, et que le désir lui-même suppose un sentiment prépondérant, au moins passagèrement. Pouvons-nous vouloir une mauvaise action, quand notre nature ne nous y dispose pas ? L'éducation, suivant le but qu'on lui assigne, devant développer en nous les sentiments bienveillants et contenir les instincts égoïstes, limiterait à ce point de vue notre liberté ; elle l'étend au contraire et l'affermit en nous affranchissant du caprice et des fluctuations qu'entretiennent des passions désordonnées.

Que l'on compare, dit Auguste Comte, l'état moral du chien domestique à celui du lion captif. L'un peut toujours se sentir libre, quand le développement des sentiments bienveillants lui fait chérir la dépendance et contient ses sentiments égoïstes, tandis que l'autre flottera entre une lutte impuissante et une ignoble torpeur, faute d'avoir su se soumettre volontairement. La comparaison se trouve encore plus décisive quand on oppose l'esclave antique au prolétaire moderne, quoique tous deux, sous le rapport matériel, présentent à peu près la même existence personnelle, tant active que passive. Les sentiments de celui-ci le rendent entièrement indépendant moralement et développent en lui une véritable unité. Aimer la règle, la désirer même, telle est en effet la condition première de toute unité.

Soumis à des lois toujours immuables, quoique souvent modifiables, la sagesse humaine ne peut consister qu'à subir dignement les unes et à chercher de modifier les autres, conformément à nos besoins divers, moraux, intellectuels et physiques. En contemplant notre vieux monde il n'est personne qui n'ait été frappé de la dissemblance morale et mentale qui existe entre les populations occidentales et orientales, qui constituent l'élite de notre espèce. Soumises les unes et les autres à des croyances qui impliquent la toute puissance et la prescience divine, elles devraient s'incliner les unes et les autres sous un fatalisme qui exclut toute liberté. Chez les dernières, toutes d'origine théocratique, la soumission fut d'abord imposée, quoique plus tard acceptée, avant que les instincts bienveillants ou les forces sociales fussent suffisamment développées. L'activité chez elles fut nécessairement passive et le concours souvent involontaire. Chez les autres, essentiellement militaires de provenance, le concours fut au contraire toujours volontaire, ainsi que la soumission qu'il exigeait. Habitués à modifier, dans un intérêt commun, tout ce qui pouvait l'être, l'activité reçut chez de telles populations une stimulation incompatible avec les mœurs théocratiques de l'Orient.

Ces différences, devenues héréditaires, entre l'état cérébral des populations occidentales, et celui des populations orientales, nous expliquent comment la prescience divine, commune aux dogmes chrétien et musulman, n'altéra pas, par une heureuse inconséquence, la liberté individuelle chez les uns, tandis que chez les autres, elle devait, dans la vie privée, et souvent dans la vie publique, pousser au fatalisme le plus complet.

Quoique la philosophie moderne, s'inspirant des sophistes grecs, ait cru, en instituant le libre arbitre, triompher du fatalisme, inhérent à tout dogme monothéique, elle eût succombé dans ses prétentions à concilier ce qui est inconciliable, si elle s'était adressée à d'autres populations qu'à celles que l'activité romaine avait préparées à concevoir la modificabilité des choses humaines. Ces divers rapprochements sont, croyons-nous, de nature à montrer combien il est irrationnel de vouloir, à la façon de nos métaphysiciens, traiter la grande question de la liberté, sans tenir compte des temps et des lieux. La philosophie métaphysique, en considérant l'individu en dehors de son milieu, n'a pu qu'entasser abstractions sur abstractions, en méconnaissant toujours les vraies conditions de l'ordre moral et social.

De toutes ces considérations, il résulte que la vraie liberté, celle dont nous avons montré le véritable caractère, ne saurait exister que dans un état normal, lorsque le cerveau humain sera arrivé à un état de pleine unité. C'est ce qu'il nous importe d'établir d'une façon plus systématique, en indiquant les conditions de toute unité, tant collective qu'individuelle.

Siége de nos facultés affectives, spéculatives et actives, le cerveau ne comporte d'autre unité que celle qui résulte de la prépondérance des premières. Nos sentiments commandent toujours à nos actes et l'intelligence n'intervient que pour les éclairer et les diriger. *Agir par affection* et *penser pour agir* telle est la formule qui indique et résume le fonctionnement de l'appareil cérébral.

Egoïstes et sympathiques, nos sentiments sembleraient comporter deux sortes d'unités, suivant que dominent les uns ou les autres. Il est facile de reconnaître que toute unité égoïste ne peut être qu'instable, vu la multiplicité et l'énergie des organes, qui, par leur ensemble, constituent notre personnalité native. Chacun d'eux peut, en effet, être tour à tour prépondérant. Ainsi, ordinairement dominant, l'instinct nutritif ou conservateur, lorsqu'il est satisfait, peut laisser prévaloir les instincts sexuel, maternel et même les deux mobiles qui constituent l'ambition, c'est-à-dire l'orgueil et la vanité.

L'unité sympathique est évidemment seule stable. Quoique moins énergiques que nos instincts égoïstes, les mobiles sympathiques, en raison de leur généralité d'action et de leur désintéressement, peuvent, pour ainsi dire, prendre les autres à leur service. De là résulte naturellement le meilleur mode d'unité. Tout animal sociable en serait à la rigueur susceptible ; mais pour être durable, il exige une culture, un exercice continu de nos plus hautes facultés, ce qui ne peut se réaliser d'une manière efficace que dans notre espèce. En raison de leur moindre nombre et de leur moindre énergie, ces précieuses facultés ne peuvent triompher des autres que par un secours extérieur qu'elles trouvent dans la vie sociale. De ces diverses considérations on voit surgir la théorie générale de l'unité. Elle exige, d'une part, un sentiment bienveillant qui doit rester toujours prépondérant et subalterniser tous les mobiles égoïstes, sans toutefois chercher à les étouffer, puisque de leur fonctionnement dépend l'existence de l'être. Il faut, d'une autre part, une puissance extérieure pour contenir toutes les divergences personnelles et fournir un stimulant continu à nos instincts sympathiques. Un tel état d'unité est entretenu dans notre espèce, arrivée à la pleine maturité, par la reconnaissance que doivent toujours développer en nous les services reçus de nos prédécesseurs. Ce sentiment nous dispose naturellement à préparer l'existence de ceux qui viendront après nous. Ainsi le passé et l'avenir concourent de la sorte à instituer en nous un mode d'unité toujours stable, que la pratique des devoirs, domestiques et sociaux, ne peut que consolider de plus en plus.

En faisant consister la liberté dans l'obligation de toujours conformer notre conduite aux exigences, physiques et morales, de notre nature, nous voyons qu'elle implique l'unité cérébrale, dont les conditions sont, en effet, celles de la vraie liberté.

En définissant la religion, comme l'a fait Auguste Comte, un état d'unité qui résulte de l'harmonie de toutes les parties d'un tout, il faut bien reconnaître que la liberté ne saurait exister que chez l'homme vraiment religieux. Le vice ou même le caprice sont donc incompatibles avec elle.

La constitution cérébrale et l'état social qui correspondent ou conviennent à la plénitude du sentiment, dont la liberté se présente comme la conséquence, ne se réalisera évidemment que dans l'avenir, lorsqu'aura cessé le divorce qui, de nos jours, sépare encore l'esprit et le cœur. En nous révélant le monde réel, l'esprit ne peut aspirer qu'à être le ministre du cœur, sans chercher à le dominer, sans non plus subir aveuglément ses exigences. Malgré son dogme fictif, c'est encore le dernier régime théologique qui s'est le plus rapproché de l'état normal. Institué pour la culture du sentiment, il atteignit pleinement le but qui lui fut en quelque sorte assigné par les destinées humaines. L'homme féodal dans sa plénitude de foi, se crut toujours libre dans l'expression de ses pensées et dans la pratique des actes d'une existence que remplissait le sentiment du devoir. La soumission, comme le dira plus tard Auguste Comte, resta pour lui la base du perfectionnement. Mais le régime auquel les temps modernes durent leur sentimentalité, si différente de la sentimentalité antique, ce régime qui créa enfin la femme, portait en son sein des germes de dissolution. Nous lui devons la pleine séparation du spirituel d'avec le temporel, que ne connut point l'antiquité. Aux uns le conseil, proclama-t-il, aux autres l'action. Mais un dogme absolu et des commandements indiscutables n'étaient guère faciles à concilier.

L'insurrection des rois contre les papes porta le premier coup à ce principe et à la constitution de ce régime, qui ne dut sa durée qu'à la sagesse de son sacerdoce. La séparation des églises nationales fut la conséquence d'une lutte qui dura près de deux siècles et qui entraîna la subalternisation des divers clergés occidentaux. Le triomphe des conciles sur les papes, en infirmant l'autorité du chef de l'Eglise, livrait d'ailleurs le clergé au pouvoir séculier. La dissolution du régime catholico-féodal, déjà, de la sorte, si profondément atteint, devait marcher à grands pas, quand les progrès de la science moderne vinrent infirmer les dogmes, au nom desquels étaient consacrées toutes les autorités, soit spirituelles, soit temporelles. Une doctrine négative s'était constituée ; elle servit de sanction et de consécration à l'explosion protestante, plus politique que sociale. Le droit d'examen, qui impliquait naturellement l'égalité des intelligences, imposait la liberté de conscience et plus tard celle des opinions. La liberté, qui pendant toute la durée du moyen-âge, avait pu se concilier avec l'ordre, prit à partir de cette époque un caractère profondément anarchique, qu'elle conserva jusqu'à nos jours. Mais si elle fut invoquée pour dissoudre les anciens dogmes, elle ne fut pas moins nécessaire pour construire ceux qui devaient les remplacer. Cette dernière destination la rendit plus respectable et la constitua en garantie nécessaire de tout progrès. Les esprits avancés, avec un pressentiment croissant de l'avenir, ne virent dans le protestantisme qu'une insuffisante solution, ne pouvant répondre à aucune des exigences du cœur et de l'esprit. Déjà dès le XIIe siècle, l'invasion de la science grecque, importée par les arabes, avait donné lieu de la part du clergé, à une mémorable transaction, que consacra sa haute sagesse. Ne pouvant contester l'existence des lois physiques, il dut admettre qu'après les avoir créées, la souveraine puissance les avait investies de la réglementation des phénomènes du monde, en se réservant toutefois la direction des phénomènes sociaux et moraux. Toute l'émancipation moderne était en germe dans ce mémorable compromis. Nous voyons plus tard Dante, s'inspirant de Saint Thomas, exalter le monothéisme d'Aristote : un Dieu unique s'associant deux ministres généraux, le Destin et la Fortune. Le grand novateur moderne n'eut qu'à compléter la pensée du prince des philosophes, en affectant au Destin les lois connues et à la Fortune les lois inconnues. Les phénomènes sociaux et moraux pouvaient rester sous la dépendance du Dieu unique. Il lui était facile de montrer quelle affinité régnait entre la conception philosophique d'Aristote et celle de Saint Paul, où par sa grâce, Dieu distribue tous ses dons et réglemente toutes les volontés. Sur la science grecque nous verrons s'élever les premiers essais chimiques de Roger Bacon, les grandes vues sur les êtres vivants, les végétaux et les animaux, d'Albert-le-Grand, s'inspirant lui aussi d'Aristote. Ceux qui voudront fixer un seul instant leur esprit sur le grand mouvement à la fois philosophique et scientifique, accompli au sein même de l'Eglise, parmi ses plus grands esprits, pourraient-ils méconnaître que tous ceux qui vinrent après eux n'aient travaillé avec un pressentiment croissant de l'avenir et qu'ils n'aient considéré la crise du XVIe siècle, comme une insuffisante protestation et même comme un temps d'arrêt ?

Pendant que les vrais penseurs et les savants réclamaient la liberté pour construire, les métaphysiciens et les discoureurs la demandaient pour détruire et substituer à l'ancien dogme des conceptions sans base, ne reposant que sur des abstractions. On peut affirmer qu'ils se seraient perdus en d'éternelles divagations, si la science, par ses progrès, n'eût marqué et fixé chaque pas en avant. C'est à l'esprit scientifique qu'il faut donc attribuer la véritable émancipation. Cependant il faut bien reconnaître que, par la nature de leurs conceptions, les savants restaient trop en dehors du mouvement social, pour contenir les dispositions oppressives qui se manifestaient chez les diverses autorités, tant spirituelles que temporelles, qui, depuis la subalternisation des clergés nationaux, n'aspiraient qu'à se maintenir en contenant tout progrès. L'ébranlement du dehors, quoique provoqué par des doctrines purement négatives, devenait donc indispensable. Il était d'ailleurs jusqu'à un certain point nécessaire pour stimuler le mouvement scientifique. La liberté d'opinion à ce double point de vue s'imposait donc dans la nouvelle situation. Scientifiquement, elle ne saurait sans doute être admise. Elle ne peut exister, en effet, ni en mathématique, ni en astronomie où l'idée de loi l'exclut complètement. Mais pour l'étude du domaine supérieur, social et moral, dont les lois n'étaient pas encore connuès, elle restait pleinement admissible. C'est ce que comprenaient parfaitement tous les esprits avancés, quoiqu'ils eussent déjà un pressentiment des lois qui président à l'évolution des phénomènes sociaux. Les désaccords qui régnaient entre les attributs divins n'étaient guère compatibles avec une haute sagesse ; ils consacraient le caprice.

Dans la revendication de la liberté d'opinion une confusion s'était introduite. Elle encouragea souvent la résistance des princes à tout véritable progrès. La subalternisation du clergé les érigeait, en quelque sorte, en gardiens ou protecteurs des anciens dogmes, d'où ils tiraient d'ailleurs leur consécration. La distinction des deux pouvoirs, spirituel et temporel, fut ainsi compromise. Ils se crurent attaqués dans leur autorité par tout ce qui pouvait directement ou même indirectement menacer les anciennes croyances. Seul au dernier siècle, le grand Frédéric sut concilier la liberté d'opinions, c'est-à-dire la liberté spirituelle, avec ce que réclamait le maintien de son autorité. Pendant que Kant philosophait paisiblement sous sa protection, Diderot allait à Vincennes pour sa double dissertation sur les sourds et les aveugles. Mieux inspirée que les rois de France, la Convention nationale fit cesser à sa manière la confusion qui avait régné depuis la fin du moyen-âge entre les deux pouvoirs. La suppression des corporations savantes consacra de nouveau la séparation du spirituel d'avec le temporel.

On ne peut méconnaître l'esprit qui présida à cette suppression, qui fut provoquée par les tendances de plus en plus en plus rétrogrades du régime académique. Les spécialités dispersives qui y avaient prévalu, rendaient de plus en plus difficiles toutes vues d'ensemble, en un temps où le mouvement scientifique tendait à s'élever du point de vue cosmologique au point de vue social et moral. La fondation de l'Académie de médecine, fait remarquer Auguste Comte, n'eut d'autre but, au fond, que de contenir les tendances dispersives, en favorisant l'étude des sciences de la vie que rejetait ou dédaignait sa rivale. Au siècle suivant, fait-il remarquer encore, la restauration académique eut bientôt vicié, par son caractère essentiellement analytique, le génie synthétique de la biologie, forcée de surgir en dehors du sanctuaire officiel, où Bichat, Broussais et Gall ne furent jamais admis. L'*Esquisse historique* de Condorcet, écrite au milieu de la tourmente révolutionnaire, sous le coup d'une condamnation à mort, montre assez quel esprit dominait dans les comités de la terrible assemblée quand elle décréta la suppression des corporations savantes ou autres. C'est une transformation sociale qu'elle avait en vue. Son grand sens politique lui suffisait pour lui faire comprendre qu'il fallait clore l'ère des spécialités dispersives et favoriser le développement des vues d'ensemble.

Par son concordat, Bonaparte voulut avoir le clergé dans ses mains et peser ainsi sur les consciences. L'esprit rétrograde qui présida à sa restauration, l'entraina bientôt à fonder un enseignement d'Etat pour régenter les intelligences. L'académie des sciences avait été déjà relevée par le Directoire. Le pays fut ainsi pourvu d'une science officielle, d'un enseignement officiel et d'un clergé d'Etat. Telle est la constitution sous laquelle nous vivons depuis le commencement de ce siècle. La liberté spirituelle avait partout disparu. Un pareil régime mental était incontestablement plus oppressif que celui du siècle précédent. L'un pouvait contenir l'expression de la pensée, sans toutefois l'étouffer; l'autre dégradait les caractères et faussait les esprits, sous un verbiage scientifique et littéraire. Le public n'a pas encore été initié aux détails de la lutte qu'eut à soutenir le fondateur du positivisme contre le régime académique. Quand il les connaîtra il saura ce que vaut et coûte le libéralisme des savants. La fondation de la sociologie, c'est-à-dire d'une science sociale, en montrant les grandes lois qui président au développement des phénomènes humains, ajoutait un dernier terme à la vaste hiérarchie scientifique. Après cette fondation, le grand novateur pouvait donc considérer l'ère scientifique comme définitiment close. En le proclamant, il soulevait toutes les haines académiques. Tout en faisant parade de son libéralisme à la Chambre des députés, le chef de la coterie académique, M. Arago, ne craignait pas d'attaquer dans ses moyens d'existence le jeune philosophe, qu'il espérait ainsi étouffer et réduire par la faim.

Les dangers auxquels se trouva exposée, par les funestes institutions que nous venons de signaler, la liberté spirituelle, se sont aggravés encore sous le régime parlementaire, auquel s'adjoignit naturellement le journalisme. Depuis un siècle que nous expérimentons ce régime, sur la foi de Montesquieu qui l'importa d'Angleterre, nous devrions être fixés sur ses mérites. L'histoire parlementaire nous a appris ce qu'on pouvait attendre d'un régime où dominent toujours des coteries, ordinairement disposées à se supplanter. Les intérêts du pays sont généralement ce qui y préoccupe le moins.

Le journalisme devait en être la conséquence, avons nous dit. La confusion des pouvoirs que consacra un tel régime, le délaissement de tout ce qui touchait aux grandes questions éternellement pendantes, devaient faire passer en d'autres mains la solution de ces diverses questions. Erigé ainsi en une sorte de pouvoir spirituel, le journalisme laissa aux esprits les plus superficiels, les moins bien préparés, le traitement des plus importants problèmes. La domination spirituelle, naturellement échue à de purs littérateurs, fait remarquer Auguste Comte, ne put que faire dégénérer l'appréciation philosophique des principales difficultés sociales en un stérile appel à des passions, qu'il faudrait presque toujours calmer ou contenir. C'est l'Université de France qui est chargée de pourvoir au recrutement de nos assemblées, en grande partie composées d'avocats, et de celui de la presse, où fourmillent les littérateurs déclassés, qui n'ont pu trouver place ailleurs. Quoique ceux-ci soient considérés ordinairement comme instruments de progrès, on est cependant tout surpris de leur trouver tant de sympathies pour les différents genres de compression. C'est que rien ne saurait être plus funeste à leur domination que la liberté spirituelle. Incapables, vu l'insuffisance de leur préparation, de fournir aucun traitement rationnel aux grandes questions posées autour d'eux, ils ne cherchent ordinairement qu'à en retarder la solution sous de vains prétextes, ou en les noyant dans d'habituels sophismes. Devenus par le fait les directeurs de l'opinion, on est bien forcé de traiter avec eux et de les admettre aux faveurs publiques. La nouvelle situation républicaine qui annule le pouvoir central ne pouvait qu'augmenter leur influence. L'effacement officiel de celui, qui devrait en être le principal agent, laisse, en effet, l'exercice de toute autorité à un ministère, issu ordinairement d'une majorité, le plus souvent imposée par eux.

Le parlementarisme, tel qu'il nous est arrivé d'Outre-Manche, n'était au fond qu'une sorte de replâtrage monarchique. Aujourd'hui la déchéance de la royauté en rend plus difficile encore le fonctionnement. Deux assemblées ayant les mêmes attributions, sans une autorité supérieure pour en contenir les rivalités ou dissiper leurs conflits, c'est, comme il a été dit, l'organisation de l'anarchie. En accordant d'une autre part une autorité effective au pouvoir central, dans un pays aussi troublé que le nôtre, n'est ce pas, fait-on observer, la dictature à courte échéance ?

Analysons plus en détail les deux formes que peut affecter le parlementarisme, sous un régime républicain, où la souveraineté populaire doit rester le dogme fondamental.

Sous la première, en élagant tout ce qui est au fond superflu, c'est une majorité qui règne, avec une délégation ministérielle. Cette majorité, que peut-elle être, suivant la fiction démocratique, sinon l'expression des volontés, des aspirations du pays. Nous supposerons, suivant la même fiction, le pays honnête et ses délégués aussi. Mais si c'était le contraire, ou même si ses représentants seuls ne l'étaient point.. Poussant plus loin encore, admettons que par une de ces anomalies, dont aucune science organique ne peut nous fournir l'équivalent, que d'une majorité toujours douteuse, sorte une délégation, ne soyons pas trop exigeants, ayant les allures de l'honnêteté civique. Cette délégation, ce ministère, pour l'appeler par son nom, par cela même qu'il a été élevé au pouvoir, qu'on lui a confié les rênes du gouvernement, voudra naturellement s'y maintenir. Les majorités sont soumises à des fluctuations, la vertu seule est stable; mais là où on ne la rencontre qu'accidentellement à quoi ne faudra-t-il pas s'attendre ? Ces fluctuations, il faudra bien les contenir. On a la ressource des fonds secrets, des complaisances pour les parents, pour les électeurs influents, qui, comme leurs mandataires, ont eux-mêmes des besoins à satisfaire. Ce n'est pas évidemment avec les vingt-cinq francs par jour qu'on fera vivre ceux à qui il faudrait au moins le double pour leurs menus plaisirs. Mais à côté de ce ministère qui veut vivre et qui n'en peut mais, s'élèvent les financiers, les brasseurs d'affaires. Ce sont de nouvelles mines à exploiter, des isthmes à percer, des concessions à obtenir. Peut-on n'être point favorable à ceux qui travaillent à assurer la prospérité du pays ? Un nom bien connu peut avantageusement figurer en tête d'un prospectus, un rapport bien tourné, convenablement motivé, peut enlever un vote favorable. Le journalisme, cet auxiliaire si puissant, n'est-il pas d'ailleurs là pour triompher de toutes les oppositions, s'il s'en présentait. N'a-t-il pas mission de faire la lumière et même la nuit sur toutes choses.

Revenons à ce ministère que nous supposons toujours formé d'honnêtes gens, il voit bien qu'au milieu de tout cela, il peut parfois se glisser quelques pratiques douteuses, quelques compromissions avec les consciences timorées. Mais il veut vivre avant tout. Qu'a-t-il de mieux à faire sinon de fermer les yeux sur une foule de choses, auxquelles on s'habitue d'ailleurs progressivement. Le sommeil est réparateur. Il n'est pourtant pas toujours rassuré au dedans, il arrive même que les voix du dehors deviennent indiscrètes et y déterminent certaines fluctuations. On se décidera alors à sacrifier ce ministère, qui a été si complaisant pour les siens. Il s'en ira, sans jouer sur les mots, chargé des péchés d'Israël. Que va-t-il, en résulter ? On a oublié que tout ministre a en quelque sorte son succédané. Que peut faire en cette occurence le chef de l'Etat, sinon de lui substituer celui qui est désigné d'avance pour le remplacer. Tout recommencera de nouveau, quelques discours ont été prononcés et tout le monde est provisoirement satisfait.

Cette forme gouvernementale ne semble pas cependant avoir toujours convenu à tout le monde; aussi quelques-uns ont-ils songé à lui en substituer une autre. Suivant eux, il faut que l'homme qui détient le pouvoir qu'on qualifie d'exécutif, émane directement du peuple, qu'il soit comme l'assemblée, élu au suffrage universel et direct, qu'il soit déclaré responsable de tous ses actes, qu'il ait la liberté de choisir ses ministres où il croit pouvoir en trouver de bons, qu'il nomme à tous les emplois, qu'il puisse, quand il le juge convenable, opposer un *veto* suspensif aux lois votées par l'Assemblée, qu'il puisse enfin la dissoudre et faire appel au peuple pour l'élection d'une nouvelle. Dans ces conditions on pourra espérer que la machine gouvernementale ne sera pas arrêtée à chaque pas, comme elle l'a été si souvent de nos jours. Cette seconde forme de gouvernement, nous l'avouons, nous sourirait assez. Les ministres et leur chef, le président de la République, n'étant plus liés à une majorité auraient certainement quelque loisir et quelque raison pour voir clair dans les affaires intérieures ou extérieures. Les financiers seraient peut-être contenus dans leurs opérations et les journalistes plus réservés.

Mais ceux qui veillent sur la conservation de nos libertés, vous diront : Un président de la République, avec les pouvoirs que vous lui réservez aura bientôt une une cour : généraux, préfets, magistrats assis ou debout, seront dans ses mains. Rien ne lui sera plus facile que de se rendre populaire, en présentant quelques lois à grand effet, que l'Assemblée se hâtera de repousser. Qui l'empêchera, à l'exemple de Cromwel, un de ces matin, de mettre dans ses poches, agrandies pour la circonstance, les clefs du Palais-Bourbon ?

Tout cela est parfaitement possible, répondrons-nous, mais cela vaudra-t-il moins que ce que nous avons ? Comme on l'a dit, en laissant au pays la nomination du président de la République, ne s'expose-t-on pas à favoriser l'avènement d'un des membres des anciennes familles ayant régné en France ? Un pareil danger ne peut-il être écarté en les déclarant inéligibles ? C'est à tout prendre un excès de pouvoir qu'on semble redouter. Voyons si l'on ne trouverait pas à cela quelques garanties pour le fonctionnement de cette dernière machine gouvernementale. Cette garantie, c'est la liberté, la liberté spirituelle. Cette liberté ne l'avons-nous pas, diront les plus fougueux libéraux, ne pouvons-nous pas imprimer tout ce qui nous passe par la tête, toutes les insanités des imaginations en délire, débiter dans les réunions publiques toutes les incongruités qu'on n'entendait jadis que dans nos carrefours ? Cette liberté, nous l'avons sans doute ; mais qu'a-t-elle produit, a-t-elle mis au jour une seule idée gouvernementale ? On s'en est servi sans doute pour renverser, mais avec elle qu'a-t-on édifié ? Rien, ce serait peu dire, car elle a puissamment servi à nous démoraliser. Il faudrait donc la contenir, la supprimer, comme on le demande dans le camp opposé ; qu'on s'en garde bien, elle aurait des défenseurs.

C'est au catholicisme, à sa plus grande gloire, avons-nous dit, que nous avons dû pendant toute la durée du moyen-âge, la séparation des deux pouvoirs. Aux uns le conseil, a-t-il proclamé, aux autres l'action. En subalternisant les clergés nationaux, les rois ont supprimé cette première garantie de liberté et se sont constitués juges de ce qui ne pouvait être de leur compétence. Cette situation s'est aggravée lorsque Bonaparte nous eut doté de sa triple institution. Il a mis ainsi le comble à la mesure.

Avec mes prêtres et ma police, a-t-il pu dire, je serai toujours maître de la situation. Comme il lui sembla plus tard que son clergé subventionné pouvait avoir encore quelque action sur les jeunes intelligences et les consciences, il crut bon de lui donner un frein. Il lui attacha au flanc l'Université. L'académie des sciences était assez docile pour ne lui inspirer aucune crainte. Le prudent Cuvier s'était chargé de contenir toutes les velléités d'indépendance. C'est sous un tel régime que nous avons vécu, avons-nous dit, jusqu'à ce jour. La science châtrée s'est complue de nouveau dans les spécialités et lorsque récemment un vigoureux penseur l'a invitée à en sortir, il n'a trouvé qu'opposition parmi ses représentants officiels, tous assez disposés à l'étouffer.

Nous vivons en des temps de transition, a-t-on dit, du haut d'une tribune française. Qui en a jamais douté au dehors ? C'est un avocat qui parlait ; il était alors ministre ; avait-il conscience de ce qu'il disait ? on pourrait en douter. Le caractère d'une époque de transition, c'est le discrédit de toutes les anciennes doctrines dirigeantes. Toute transition lorsqu'elle est aussi nettement accusée, comme elle l'est de nos jours, touche nécessairement à une reconstruction. Nous ne ferons pas un crime au ministre qui s'est fait en cette occasion l'écho de la pensée commune, de ne point connaître la doctrine de l'avenir, quoiqu'elle ait eu un grand retentissement autour de lui. Sa mauvaise préparation universitaire le tenait éloigné des solutions qu'ont reçues tant de grandes questions, qui pour lui ou ses pairs resteront toujours pendantes. Mais il aurait pu comprendre que ce n'est que par la libre discussion qu'on peut se dégager d'une transition, faire prévaloir les doctrines, quelles qu'elles soient, destinées à servir de base à tout nouvel ordre social. La libre discussion, qui doit s'accomplir dans le calme et le recueillement, ne peut s'exercer sans contrainte que tout autant que l'état voudra bien se désister de toute intervention dans l'ordre spéculatif. Sa fonction à lui, en nos temps de doute, c'est de maintenir l'ordre matériel, condition première de toute stabilité gouvernementale, de nous administrer honnêtement, de respecter et de faire respecter toutes nos libertés. Vouloir imposer une religion subventionnée, un système d'enseignement à lui et une science officielle, c'est vouloir éterniser une situation dont les dangers ne sauraient être plus longtemps dissimulés et favoriser par une concurrence oppressive, le débordement des plus dangereux sophismes.

Si la révolution moderne s'est accusée au XIVe siècle par l'altération de la grande institution du moyen-âge, la division des deux pouvoirs, elle ne s'acheminera désormais vers son extinction définitive que lorsque l'état, mieux inspiré qu'il ne l'a été jusqu'ici, se décidera à consacrer définitivement la séparation du spirituel d'avec le temporel. Nous avons montré les caractères de la vraie liberté ; elle implique toujours, avons-nous dit, une doctrine dirigeante volontairement acceptée, affranchie de tous les sophismes de la vieille métaphysique. C'est à favoriser l'avènement d'une telle doctrine, si elle existe, que doivent tendre tous nos efforts. Il est en attendant nécessaire d'établir une distinction, qui est instinctivement sentie, entre la liberté spirituelle et la liberté temporelle.

Si en des temps de transition on peut admettre, jusqu'à un certain point cependant, qu'il soit permis de tout dire, on ne peut admettre qu'on puisse tout faire. L'ordre temporel comporte sans doute, en ces temps exceptionnels, certaines modifications nécessaires, mais elles ne peuvent être que progressivement introduites; tandis qu'on a pu dire que la liberté spirituelle, en tant que restant dans les attributs d'exposition orale ou écrite, qui lui sont propres, doit être respectée jusque dans ses écarts. Elle sortirait sans doute des limites de la tolérance si elle poussait, par exemple, à l'assassinat. Nous le répétons, elle ne sera définitivement constituée que lorsque l'Etat s'abstiendra de s'immiscer dans ce qui ne peut être de sa compétence. Dans ces conditions, la liberté spirituelle deviendra la meilleure des garanties d'ordre et de progrès.

Si le régime parlementaire a eu pour conséquence l'avènement du journalisme, qui s'est trouvé ainsi investi d'un semblant d'autorité spirituelle, un pareil régime a aussi favorisé l'expression des doctrines les plus étranges, qu'il eût été facile de contenir, en fournissant aux questions posées des solutions satisfaisantes. Un grand mouvement philosophique s'est accompli autour de nous ; les plus importants problèmes ont été traités, et nous osons dire résolus, et la concurrence de l'Etat, dans les choses de l'ordre spéculatif, en a contenu la vulgarisation. Ne faut-il pas le laisser responsable de certains désordres auxquels nous assistons journellement. Une lutte revêtant un caractère de violence, sans exemple peut-être dans le passé, se trouve engagée de nos jours entre les dépositaires de la fortune publique et les travailleurs. De part et d'autre les théories les plus insociables ont été soutenues; le gouvernement est resté impassible, ne pouvant répondre à aucune des questions posées et contenant même l'exposition des saines solutions. Il n'a eu que des mesures de répression à opposer au désordre, quand l'anarchie a pris des proportions menaçantes, en laissant subsister les éternels motifs de conflit.

Depuis la fin du moyen-âge, a dit Auguste Comte, le prolétariat moderne n'est que campé dans la Société et n'y a point d'existence stable. D'une autre part, dans une société où tout a été organisé jusqu'ici pour la guerre, nous voyons l'industrie laissée encore à l'initiative individuelle, n'ayant aucun caractère social, et toujours exploitée en vue d'intérêts privés. Que pouvait-il sortir d'un tel état de choses, sinon la guerre entre les partis en présence. Cependant une science supérieure, réglant les conditions du travail humain, montrant l'origine sociale de la fortune publique, attend encore des propagateurs; il y a certainement de part et d'autre des devoirs à remplir, à faire connaître; cela est-il possible lorsque le gouvernement par des institutions oppressives, par la confusion qu'il entretient dans les attributions temporelles et spirituelles, contient la manifestation de toute doctrine organique. Si comme nous l'avons vu, le parlementarisme a poussé au développement du journalisme, c'est encore lui, on peut sans crainte l'affirmer, qui livre la société à la rapacité des financiers. La plus importante des fonctions industrielles celle qui, par la commandite, doit assurer et favoriser le développement et la réglementation du travail humain, la banque, est de nos jours, entre les mains d'hommes sans patrie. Pour sortir d'une telle situation, deux choses sont nécessaires, il faut bien le reconnaître. D'abord une doctrine qui rappelle à chacun ses devoirs à l'égard de tous, puis la liberté spirituelle sans laquelle elle ne saurait s'affranchir de ses entraves. Journalistes et financiers, produits les uns et les autres de la situation parlementaire, vivant des mêmes expédients, mettant la société tout entière en coupe réglée, devaient finalement s'entendre sous un tel régime, plus funeste à la vraie liberté que les plus oppressives institutions du passé. On allait jadis à la Bastille, mais avant d'y entrer on avait pu se faire entendre. On peut aujourd'hui écrire, parler même, mais c'est pour étouffer tout ce qui peut être dit de bon ou pour propager les plus dangereux sophismes. Nous le disons hautement, tels sont les fruits du régime le plus en désaccord avec nos antécédents français, le plus funeste à la manifestation de la libre-pensée.

Si la suppression des trois budgets qui se rattachent aux funestes institutions de Bonaparte, doit assurer la liberté spirituelle, celle-ci doit nous permettre de constituer la seule forme de gouvernement propre à la transition actuelle. Une mesure complémentaire devra suivre cette suppression ; mais elle doit être ajournée, malheureusement, jusqu'au désarmement général de l'Occident. C'est la transformation de l'armée française en une gendarmerie nationale pour le maintien de l'ordre intérieur et pour rendre impossible toute tentative de dictature rétrograde, dont on doit toujours redouter l'avènement.

La déviation militaire, à laquelle l'Occident tout entier a été entraîné, ne constitue pas seulement de nos jours un nouvel obstacle à l'avènement des saines doctrines, elle constitue certainement un danger pour l'ordre public. Elle aggrave même la situation, en jetant le prolétariat occidental tout entier entre les mains de directeurs sans principes, presque tous issus des déclassés de la bourgeoisie.

Si nos gouvernants et les rois coalisés contre la France anarchique ne sentent pas la solidarité des intérêts occidentaux, on ne peut en dire autant du prolétariat.

La grande manifestation du premier Mai ne saurait laisser aucun doute à cet égard. On ne peut dire que c'est la coalision des rois et les onéreuses dépenses qu'elle impose à l'Europe toute entière qui l'ont provoquée. Toute la famille occidentale est depuis longtemps soumise aux mêmes influences dissolvantes ; mais cette coalition a certainement aggravé la situation européenne et en a provoqué une semblable chez les classes laborieuses, qui sentent nettement que les préoccupations militaires détournent de plus en plus de la solution des questions auxquelles elles rattachent justement toute amélioration à leur sort. Elles sont peu disposées, il faut le reconnaître, à servir de chair à canon. Peut-on leur en vouloir, quoique leurs procédés de protestation revêtent un caractère menaçant pour tout ordre social.

La situation que nous venons de dépeindre, est comme on le voit grosse de dangers pour l'avenir, aussi exige-t-elle, au moins en France, un homme d'Etat sachant s'élever à sa hauteur et s'inspirant des solutions qu'une doctrine systématique peut seule fournir désormais. Les deux formes gouvernementales qu'on a tour à tour adoptées en France dans le cours de ce siècle, ont pu être jugées d'après leurs déplorables résultats. L'esprit public ne pouvait que faire fausse route au milieu des complications de toutes sortes que présente une situation sans antécédent dans l'histoire et dont la direction ne peut appartenir qu'à des hommes capables de s'inspirer d'une doctrine organique que des institutions oppressives ont, jusqu'à ce jour, contenue dans son essor.

En proclamant dès les débuts de la crise de 48, que si le gouvernement français doit être désormais républicain, il importe que la République soit dictatoriale, le grand novateur qu'ont voulu étouffer les rivalités et les haines académiques, indiquait aussi quelle garantie on doit exiger de la dictature républicaine. Une pleine séparation entre le spirituel et le temporel en était sans doute la principale ; mais pour répondre aux besoins d'ordre et de progrès, qu'on ne saurait séparer, il n'était pas moins nécessaire que toute assemblée fut réduite au vote de l'impôt et au contrôle du budget. Au pouvoir central, seul vraiment responsable, devait revenir, conformément à nos véritables antécédents, les deux attributions législatives et exécutives. Le grand penseur a montré dans quelles conditions doit être élaborée la loi sous un tel régime. Sa promulgation ne pouvait être ordonnée qu'à la suite d'une libre discussion, à laquelle l'ensemble des citoyens devrait être associé, soit par les journaux, soit par des publications quelconques, soit enfin par les réunions publiques. A titre de complément de la constitution qu'il recommandait, la décentralisation administrative devait faire revivre l'esprit local pour traiter les questions d'un intérêt spécial.

Ceux qui voudront réfléchir sur les considérations, que nous venons d'exposer, avec l'attention qu'elles nous paraissent mériter, comprendront que tout ce qui a été tenté jusqu'ici pour constituer une forme vraiment gouvernementale, n'a pu que nous éloigner du but. La liberté spirituelle, avec les conditions que nous avons indiquées, est aujourd'hui l'unique garantie, osons-nous dire, contre toutes les tentatives anarchiques et tous les désordres parlementaires, aussi funestes au maintien de l'ordre que tout ce qui peut venir de la rue. Nous livrons ces quelques pages à leurs méditations.

Sortie du travail, la bourgeoisie y retournera dans ses enfants, lorsque la grande fortune reconstituée, ainsi que l'exige notre développement industriel, permettra l'avènement de véritables chefs, chargés alors de pourvoir aux besoins matériels de tous et d'assurer à chacun, par un travail rémunérateur, des loisirs qu'il consacrera à son amélioration morale. Si le prolétariat reste encore campé dans nos sociétés, ainsi qu'il l'est depuis la fin du moyen-âge, il y constituera toujours un élément de désordre. Il n'aura une existence stable et ne sera intéressé au maintien de l'ordre que lorsqu'on lui donnera les moyens d'élever une famille, garantie nécessaire de toute moralité, tant publique que privée. Un pareil résultat ne se réalisera que lorsque l'industrie moderne sera définitivement organisée sur ses vraies bases, ce qui implique des devoirs librement acceptés de part et d'autre, c'est-à-dire une doctrine organique conciliant à la fois les besoins du cœur et ceux de l'esprit.

Le positivisme a donné une théorie de la propriété. Il a montré le fonctionnement matériel et moral des sociétés de l'avenir. Une science supérieure, qui implique toujours la prévision, pouvait lui permettre d'étendre ses vues au-delà du présent. L'individu arrivé à la pleine possession de lui-même, jouissant de toutes ses facultés, se croira libre dans une foi qui rapproche tout ce qui est vraiment assimilable et fera consister son bonheur dans l'exercice des devoirs acceptés. Comme l'apôtre chrétien, il pourra s'écrier lui aussi : *Etant lié, je suis libre.* Jusque-là, il continuera à flotter entre le doute et l'indécision. Qu'on ne se fasse aucune illusion, c'est un nouveau lien, à la fois moral et mental, qui manque encore à nos sociétés depuis si longtemps privées de direction, c'est, disons-le, une religion. Jusqu'à ce jour, les institutions les plus recommandables, élevées sur la connaissance empirique de l'homme, n'ont été consacrées que par des légendes. Systématiquement étudiées, désormais les règles de conduite qui serviront à diriger chacun, le seront au nom du passé et de l'avenir, c'est-à-dire au nom du Grand-Etre qui nous domine de plus en plus et dont la notion se dégage définitivement de l'ensemble de nos connaissances réelles. Le concours continu des êtres convergents, telle est la définition par laquelle doit se manifester à notre esprit l'Humanité. En elle, bonheur ineffable et liberté de bien faire.

Sauveterre-de-Guyenne. — Imp. Henri Larrieu.

www.ingramcontent.com/pod-product-compliance
Ingram Content Group UK Ltd.
Pitfield, Milton Keynes, MK11 3LW, UK
UKHW021031200726
13857UKWH00004B/1697